창비시선 [134]

고재종 시집

날랜 사랑

창비

차   례

제 1 부

2

판권: -UR8-1 - 뒷면-P1

제 2 부

제 3 부

제 4 부

제 1 부

직   관

간밤 뒤란에서
뚝 뚜욱 대 부러지는 소리 나더니
오늘 새벽, 큰 눈 얹혀
팽팽히 휘어진 참대 참대 참대숲 본다
그중 한그루 톡, 건들며 참새 한마리 치솟자
일순 푸른 대 패앵, 튕겨져오르며 눈 털어낸 뒤
그 우듬지 바르르바르르 떨리는
저 창공의 깊숙한 적막이여

사랑엔, 눈빛 한번의 부딪침으로도
만리장성 쌓는 경우가 종종 있다

봄의 진동

조팝나무에 피죽새 운다 하여
그 소리 듣고자 뒷산에 갔더니만
아무리 귀 쫑긋대고 눈 씻어보아도
하늘은 정정하고, 연둣빛만 차오를 뿐인데
때마침 저기 솔수펑에서
꿩 꿔엉—— 적막을 깨는 장끼소리에
순간 조팝꽃 새하얀
그 긴 꽃자루들이 바르르 떨리며
은잎 꽃잎 빛살 속에 마구 뿌리던 것이라니

청빈에 대하여

앞냇가 미루나무의
가지 팽팽히 후리는 바람이어라
그 높이 아득한 가지 사이에 얼기설기
둥지 한채 얽어 삼동을 들고나던 까치부부는
숫눈 쌓인 날이면 눈 왔다고
토방까지 내려와 까작대다 개밥 한알 물어가고
햇빛 환한 날이면 해 밝다고
흰 무늬 날개 활짝 펴서 비잉비잉
청대숲 위를 부시게 나닐더니
그 호젓한 가시버시 이 봄엔
이 가지에서 저 가지에로 톡톡 튀는
날렵한 새끼 두 마리까지 거느리매
가지는, 미루나무 가지는
그 새끼들이 찍은 발자욱마다 움을 틔워
이윽고 연둣빛 이파리로 무수히 펄럭이며
겨우내 길들인 바람과 사무치어라

날랜 사랑

얼음 풀린 냇가
세찬 여울물 차고 오르는
은피라미떼 보아라
산란기 맞아
얼마나 좋으면
혼인색으로 몸단장까지 하고서
좀더 맑고 푸른 상류로
발딱발딱 배 뒤집어 차고 오르는
저 날씬한 은백의 유탄에
봄햇발 튀는구나

오호, 흐린 세월의 늪 헤쳐
깨끗한 사랑 하나 닦아 세울
날랜 연인아 연인들아

물소리 솔바람소리

저 시린 가을물소리
어느 땡초의 목탁소리보단 가을물소리

산 아래 백리까지 끝까지
일거에 화안히 트는 가을물소리

바람도, 바람도 드맑게 울려나서는
계곡에 들국 마구 터뜨릴 때 가을물소리

내 어느날 지친 꿈 세상에 던져주고
저기 저만큼 억새꽃 하나로나 흔들릴 때

내 어디 높고 깊은 곳에서도 가을물소리
물소리보단 서러운 솔바람소리

우 수

모진 돈들막 귀영치의
씨톨 하나도 깨우는 속삭임이여
논두렁 밑 양지녘엔
벌써 저리 냉이꽃 반짝이네

얼음에 뜬 애보리조차
지상으로 힘껏 떠미는 뜨거움이여
덧짚 걷어낸 마늘밭엔
벌써 저리 마늘촉 서늘하네

보리밭 너머 저 지평선에서
웬 것인지 둥둥둥둥 울려나는
북소리는 또 무엇인가
비 젖는 비 젖는 남밭들엔
오늘 그예 청청한 경운기 소리

독   곡

산길 굽이굽이 삼십여리
산빛에 물들어 파아랗게 걸어들면
거기 옴팍하니 똑 들어앉은 독곡 마을엔
새벽같이 기침한 아버지들, 아직도
활활 장작불 메워 쇠죽을 쑤면, 아직도
산전에 나가 돌뿌리를 캐는 조선 소들
바로 뒤켠 외양에서 쥔의 시린 등을 내려다보고
댕겅댕겅 핑경을 자꼬만 흔들어대다
울멍울멍 그 커단 눈망울을 글썽거리다
이윽고 움머—— 한번의 기인 울음으로
저기 해동녘에 아침놀을 뜨겁게 토해놓는다

맑은 날

사람의 길은 하늘에 닿는다

그날 새벽에도
요강을 들고 나와
시린 푸성귀밭에
자기의 마지막
따스운 오줌 한방울까지
철철 부어주고
그는 갔다

그날따라 하늘은
티 한점 없이 쟁명했나니

파   안

마을 주막에 나가서
단돈 오천원 내놓으니
소주 세 병에
두부찌개 한 냄비

쭈그렁 노인들 다섯이
그것 나눠 자시고
모두들 볼그족족한 얼굴로

허허허
허허허
큰 대접 받았네그려!

유   월

집집마다 단내 훅 끼치는 마을의 밤
엉머구리떼는 또 그렇게 울어라
욱신욱신, 온몸의 타는 관절들을 쑤셔대며.
밤꽃 향기에조차 씻긴 하늘은
칠흑 속 가득 별밭을 일구는 것이다
서걱서걱, 지상의 땀방울들을 죄 거두어.

이런 날, 저 뒷산 밤밭에
벌러덩 누워버리던
그 가장 천연덕스런 여자의 발정이더라니.

성   숙

바람의 따뜻한 혀가
사알짝, 우듬지에 닿기만 해도
갱변의 미루나무 그 이파리들
짜갈짜갈 소리날 듯
온통 보석조각으로 반짝이더니

바람의 싸늘한 손이
씽 씨잉, 싸대기를 후리자
갱변의 미루나무 그 이파리들
후둑후두둑 굵은 눈물방울로
온통 강물에 쏟아지나니

온몸이 떨리는 황홀과
온몸이 떨리는 매정함 사이
그러나 미루나무는
그 키 한두 자쯤이나 더 키우고
몸피 두세 치나 더 불린 채

이제는 바람도 무심한 어느날
저 강 끝으로 정정한 눈빛도 주거니
애증의 이파리 모두 떨구고
이제는 제 고독의 자리에 서서
남빛 하늘로 고개 들 줄도 알거니

참   새

흔히 먹이 궁한 때면 고양이 노리는
토방의 개밥그릇에까지 내려앉고
삭풍 칠 때면 추위를 추위로 다스려
퍼런 탱자울에 우수수 쏟아지기도 하는

저것들, 겨울마다 날개 실한 새들처럼
멀리 따뜻한 나라로 떠나가지도 못하고
숫눈 무척 쌓인 아침엔 그 위에
싸늘한 주검들을 퍼으나 떨구기도 하며
이 땅의 엄동삼동 깜박깜박 견뎌내는

저것들, 이윽고 햇볕 따스한 날이면
거 참 앙증맞게는 짚벼눌에 올망졸망,
동병상련의 뱁새떼마저 불러 앉아서는
새하얀 솜털을 자꼬만 헤집으며
톡톡톡톡 소리날 듯 튀어오르기도 하며

이만큼의, 이만큼의 삶이라도
서로 나누는 온기 있으니 족하다는 듯
세상 참 천연덕스럽게는 재재거리는

저것들, 마침내 새벽이면 봄이면
이 땅 여명의 삶들을 싱싱하게 깨우되
그러나 가랭이가 찢어지도록
결코 황새 같은 철새나 좇지는 않는

저녁 마을

어둑밭 지르며
눈 퍼부어라
까마득히 눈보라 쳐서
동구 앞 느티나무
마디마디 눈떠 울어라

퍼붓는 눈발 헤치며
텅텅텅텅 지축을 울리며
겨울논 깊이갈이 끝낸
경운기 저렇게 돌아온다

마을에 하나 둘
등불 걸리어
뒷산 배곯은 노루도
여싯여싯 찾아들어라

그리운 죄

산 아래 사는 내가
산 속에 사는 너를 만나러
숫눈 수북이 덮인 산길을 오르니
산수유 고 열매 빨간 것들이
아직도 옹송옹송 싸리울을 밝히고 서 있는
네 토담집 아궁이엔 장작불 이글거리고
너는 토끼 거두러 가고 없고
곰 같은 네 아내만 지게문을 빼꼼히 열고
들어와 몸 녹이슈! 한다면
내 생의 생생한 뿌리가 불끈 일어선들
그 어찌 뜨거운 죄 아니랴
포르릉, 어치가 날며 흩어놓는
눈꽃의 길을 또한 나는 안다

마을의 별

마을은 아직도 남은 집들에
제 등불을 건다
사위 꼭꼭 조여드는 칠흑을 뚫고
저 산밑 제각집도 대밭 안집도
밀감빛 흐린 등불을 건다

하물며 어찌 개인들 짖지 않으랴
바람에 풀잎들 소스라치고
뭇벌레들 울음소리만 살찌우는
적막강산을 찢으며
사람의 때 묻은 개도 몇마리
컹컹거리다 잠이 들면

비로소 밤하늘 시퍼런 궁창에서
또룩또룩 별톨 영그는 소리!
그 별들의 나라 서걱서걱 삽질하며
마을에 칠흑의, 적막의 이슬을

마구 퍼붓는 퍼붓는 소리 !

바로 그때
하늘이 가장 아름다운 그때가
사람이 가장 외로울 때
멀리서 밤 기적소리도 들리느니

그러나 사람이 사는 일로
어찌 마음 비탈에 청솔 한그루
못 치랴, 그 청청한 고독의 청솔이
저 터무니없이 눈뜬
세월의 외등을 더욱 빛내리

외로움은 자라서 산이 되지 못하고

외로움은 자라서 산이 되지 못하고
탱자울에 방자한 참새떼 소리
이제 그만 시끄럽다 한다
마을에 남은 사람들 몇몇
죄다 비닐하우스에 가버리면
하느님도 간간 바람으로 스쳐와선
후진 곳에 쓰레기 버리듯
은행나무 잎새를 우수수 쏟아버리게 한다
외로움은 빛나서 별이 되지 못하고
청대숲의 청대잎들
저희들끼리 몸을 버히게 하고
까짓것 알몸으로 알몸으로 온통 덤벼도
어느 손목뎅이 하나 건드리지 않는 홍시들
이제 그만 붉은 눈물 떨구게 한다
외로움은 질기고 질겨서
그래도 남은 무엇이 있다는 듯
삼밭의 폭배추를 포탄이 되게 하고

여차하면 날아버릴 듯 옹등그리게 하고
더는 반짝반짝 닦아내지 않는
장독대의 옹기들을 온통 검푸르게
간이 들게 하고, 간이 들어
미륵불처럼 처연하게 하고
반갑다, 어디서 개 한마리 짖는 소리에
마을 가득한 햇살만 출렁! 하게 한다
아아 외로움은 흘러서 강이 되지 못하고
봉두난발 갈대꽃만 미쳐 흔들고
강둑의 미루나무 끝으로나 달아나서는
이제는 외로움 저도 외로워
우듬지 한 떨림으로 청천하늘 치받는다

겨울숲은 저 홀로 정정하다

쑥대밭 된 희망을 끌고 뒷산에 오르는데
눈발 한점 없이 쟁명한 소한
바람 하나는 온통 쟁쟁한 울음이도다

텅 빈 들길을 지나 이윽고 들어선 산 초입엔
성성하던 백발 죄다 뜯기고 긴 꽃대궁과 잎새만
바싹 벼린 바람의 날에 씻기고 있는 억새밭
그곳에서 장끼와 까투리 앓는 소리를 듣는다
그 사랑자리가 꼭 살 베이는 억새밭이어야 했는지
다만 메마른 것은 늘 메마른 바람을 부른다

좀더 올라 떼찔레며 칡덤불 얼크러진
그곳에 우수수 쏟아진 붉은머리오목눈이떼
그들이 콕콕 찍는 빨간 열매는
그 무리에 비하면 양이 너무 적겠다
새들에게도 겨울양식은 늘 부족할 것이다

새야 새야 그러나 저 빽빽한 잡목숲에
아직 손가락만한 크기의 어린 떨기나무들은
발가벗은 어린아이와도 같이
회초리도 휙휙 후리며 겨울을 잘 나고 있다

도리깨를 만들던 간부태나무, 열매기름을 짜서
석유 대신 쓰던 산초나무, 잎을 찧어 냇물에 풀어
그 독으로 고기를 잡던 때죽나무, 김치에 넣어
향을 내던 잰피나무, 싸리비 매던 싸릿대,
열매의 빨간 빛이 너무 좋던 마가목과
참빗살나무, 깨금나무, 정금나무, 갈매나무랑
이름이 반짝이던 나무들도 그 이름까지
다 벗어버린 정갈함으로 바람에 씻기고 있다

그때 마침 따다다다닥 따다다다닥
소리 들려 고개 번쩍 드니 아아 거기
오동나무를 온통 구멍내고 있는 청딱다구리여

너 이 치운 날에도 부지런히 일하는도다
너 일하는 소리 있어 숲도 비로소 이 세상이다

네 소리에 흘려 걷다보니 바스락바스락
이윽고 가랑잎 속에 푹푹 발 빠지는 걸 몰랐다
참나무숲인 걸 몰랐다, 바스락거리는 것은
발 밑만이 아닌 숲 전체인 것이니
갈참 굴참 물참나무 상수리나무 도토리나무들
대개는 황갈잎 추하게 달고 한없이 바스락거리며
숲속의 정정한 고요를 여지없이 흔들고 있는
겨울숲에도 욕심으로 타락한 것들 너희다

아니다 아니다 참나무밭엔 돌보지 않은 무덤들
하나 둘 흙무더기로 주저앉는 무덤들
또또 애장무덤들 많아서, 어쩌면 그 슬픔으로
저 참나무잎들 참말로 떨어지지 못하고 우는도다

오호 그래서 죽음은 서러운 것이다
어느 무덤 둘레에 심은 산수유나무의 따내지 않은
그 열매를 쪼으고 있는 곤줄박인가 어친가 하는
그 새도 묻힌 자의 한 영혼인지도 모르겠다
삐비비비 우는 소리에 저승내음이 묻었다

그러다 나는 어느 순간 새하얀 나라에 들도다
내 어릴 적 마을사람들이 공동으로 개간하다
돌자갈 많아 버린 그 개간지터에 심은
은사시나무떼 무단히 하늘 찌르게 자라서
그 시원히 벗어버린 알몸들이 새하얗다
그 하얀 몸이 황갈색 조선숲 속의 이방인 같다
사람은 어리석어 숲속에다도 부조화를 연출했도다

이윽고 이윽고 나는 청설모를 쫓아간다
한 열마리나 되는 청설모떼가 쏜살같이 나타나
그 뒤를 허억허억 쫓았으나 청설모는 그만

나무와 나무 위로 몸을 날리며 사라지고
내 영혼은 마침내 웅엄한 교향악 속에 들었도다

머언 광야를 달려온 듯 응응대는 청솔바람소리
그 장엄의 소리는 꼭이 시원에서 들려오는 소리
아니고선 저러할 수 없는 청솔바람소리

그러다가도 또 어느 순간엔
쏴아쏴아 지친 몸에 찬물 쏟아붓는 소리이다가
쏴알쏴알 쑥대밭된 희망을 빗질하는 소리이다가
급기야 부리부리한 눈 부릅뜨게 하여, 어느
먼 정신에게로 뜨거이 치닫게 하는 청솔바람소리

나 그 솔숲에 강렬한 경건함으로 서 있노라니
겨울숲은 다 벗어버리고 저 홀로 정정하다
겨울숲은 울음 깊어 저 홀로 성성하다
겨울숲은 제 품엣것들 모두 제 삶으로 엄정하여

나 그만 쩡쩡 추운 겨울숲에서 온몸 달아오른다

그 뜨거움에 겨워 계곡으로 미끄러져 내려가
찬물을 벌컥벌컥 들이켜고
뭔가 기척을 느껴 돌아보니 거기
웬 꽃사슴 한마리가 나와 눈을 딱 마주친다
저기 언덕 위 농장에서 뛰어나왔는지
웬 꽃사슴 한마리가 도망칠 줄도 모르고
어쩌자고 눈을 데굴데굴 굴려 나에게 웃는다
사람이 마음 씻으면 꽃사슴하고도 웃는다

산 내려오는 길 아이처럼 싱싱해져
나 홀로도 경건하게 깊어진 뒤 싱싱해져
쟁명한 하늘 쟁쟁하던 바람도 그윽해졌도다

제 2 부

들　길

모내기 끝낸 들에
치자꽃 향기 퍼진다
그 향기 따라
어린 모 뿌리를 잡는 들길 걷는다
바람은 솔솔 불어
길 옆 가득 피어나는 개망초꽃
그 숱한 흔들림으로 걷는다
흔들리며 걷는 게
어찌 또 들길뿐이랴
발자욱 저벅일 때마다 뚝 뚜욱
그치는 개구리 울음에 젖어 걷는다
울며 젖어 걷는 게
어찌 또 들길뿐이랴
걷다보니, 보아라
바람은 자꾸 스쳐와
저 볏잎들 지극히 사운거린다
어린 모 땅맛에 젖어드는

저 기쁨의 떨림의 푸르른 몸짓
왜 우리에겐들 흐르지 않으랴
저만큼 산비알의 나무들은
녹녹청청, 노을까지도 물들인다
그 물들임에 나도 물들어 걷노니
이제 산 우뚝 막아서서
돌아서 들 걸어든다
돌아서 걷는 이슬길에도
치자꽃 향기 그윽하여
모쪼록 그 꽃과 향기 몇점
주막의 술잔에 띄우고 싶다

봄의 깊이

묻지 말게나
세상의 날은 저무는데
농약에 절고 금비에 시달려
시어터진 앞들 검은그루에
공동산에서 퍼나른 황토와
저실내 모둔 쇠똥두엄을 넣고
저기 저렇게 탈탈탈탈
애벌갈이를 하는 이 뉘냐고

묻지 말게나
지난해 돈사지 못한
토방에 섬섬 쌓인 나락가마들
쥐가 뚫고 날짐승이 죄 물어가도
오늘은 다시 찬샘배미에 나가
삼동에 얼부푼 논두렁 다져
거기 눈녹이물 가두는 이
또 웬 하느님이냐고

묻지, 묻지 말게나
우수 지나 동풍은 그예 불어와
그 바람결에 온몸의 신경통 씻고
보리밭에 날선 노염도 녹여내며
안마당에선 호호백발의 저 봄
씨나락을 고르는 때
어디선가 텃밭 귀영치에선
매화꽃도 펑펑 터지고 있잖느냐고

풍   류

바람이야 가난한 들에도 흐른다
해종일 번답배미에 물꼬 트고
우둑우둑 무너지는 하루를 강둑에 부리면, 바람은
저 밀감빛 놀 속에 하냥 제 초록짓거리인
쑥대랑 개망초랑을 스치고, 더운 숨결을 달래고
급기야는 그게 우리의 외진 생 아무 풀꽃 하나로든
가만가만 흔들리게 하거니

흐르는 바람 속에서 저 논들이
제 품안의 볏잎들 끄트머리에 총총
맑은 이슬방울의 고요를 매달듯
때론 쓰라린 어깨, 익어 화농으로 쑤시는
이 목숨의 남루를 강물에 헹구며, 우리는
저 청청한 벼들을 또 가끔씩은 쓰다듬을밖에 없다

그때쯤이면 저 쑥대봉 위로
저녁새 표표히 날아간 자죽마다

웬것인지 참 형형하게는 돋는 샛별알들 서럽고
그것들 가슴에 죄 품고 한밤을 한밤을
무척은 뒤척일 요량쯤은 우리에게도 있거니

바람이야 척박한 땅의 오늘 위에도 흐른다, 흘러
강 건너 마을의 생솔연기를 날리고
또또 생명의 뭇 기미들 한없이 드설레게 하고
아직은 반짝반짝 놀빛 부서지는 저녁 강물에
아 글쎄는 그 천연덕스러움으로
우리 외진 생의 풀꽃 하나 무심히 드리우게 하고

텅 빈 충만

이제 비울 것 다 비우고, 저 둔덕에
아직 꺾이지 못한 억새꽃만
하얗게 꽃사래치는 들판에 서면
웬일인지 눈시울은 자꾸만 젖는 것이다
지푸라기 덮인 논, 그 위에 내리는
늦가을 햇살은 한량없이 따사롭고
발걸음 저벅일 때마다 곧잘 마주치는
들국 떨기는 거기 그렇게 눈 시리게 피어
이 땅이 흘린 땀의 정갈함을
자꾸만 되뇌게 하는 것이다, 심지어
간간 목덜미를 선득거리게 하는 바람과
그 바람에 스적이는 마른 풀잎조차
저 갈색으로 무너지는 산들 더불어
내 마음 순하게 순하게 다스리고
이 고요의 은은함 속에서 무엇인가로
나를, 내 가슴을 그만 벅차게 하는 것이다
그러니까 청청함을 딛고 정정함에 이른

물빛 하늘조차도 한순간에 그윽해져서는
지난 여름 이 들판에서 벌어진
절망과 탄식과 아우성을 잠재우고
내 무슨 그리움 하나 고이 쓸게 하는 것이다
텅 빈 충만이랄까 뭐랄까, 그것이 그리하여
우리 생의 깊은 것들 높은 것들
생의 아득한 것들 잔잔한 것들
융융히 살아오게 하는 늦가을 들판엔
이제 때 만난 갈대만이 흰 머리털 날리며
나를 더는 갈 데 없이 만들어버리고
저기 겨울새 표표히 날아오는 들 끝으로
이윽고 허심의 고개나 들게 하는 것이다

가난을 위하여

꼭두새벽, 넉점도 못됐는데
눈빛 비쳐든 창호문 새하얘서
맑게 깨어나는 정신, 서재에 들어
한기 뚝뚝 듣는 寒山詩 펼친다
봄에 논밭 갈아 가을에 씨 거두고
엄동삼동에 책 읽는 버릇
그 무슨 천금을 줘도 못 바꿀레라
내 비록 가문 들판, 몇줌 곡식 거둬
세안 양식에 못 미칠지라도
아내 몰래 쌀과 바꿔온 몇권의 시집들
벌써 책장이 너덜너덜 닳았음이여
그 서책 닳는 만큼 깨이는 넋인 양
헛간 장태에선 수탉울음 청청하고
창호에 비쳐든 눈빛은 하도 좋아
시 일편에 담고자 펜끝 세우니
늙은 아버진 벌써 고샅길 샘길 내느라
쓱쓱 눈 쓰는 소리 바쁘시다

옳거니, 세상의 진실과 아름다움은
숫눈 쌓인 날 제때 기침하여
사람 내왕할 길부터 내는 데 또 있는 것
책 덮고 급히 앞문을 차니
눈부셔라, 울 너머 큰 눈 얹힌 청대숲
그 휘적휘적 휘어진 대줄기에서
포르릉 눈 털며 일군의 새떼 치솟나니
마침내 나 사랑하리, 이 가난한 날들의
천지 사계 공으로 누리는 사치며
거기에 죄 한점 더하지 않는 꿈이랑.

대명천지, 저 나락밭

　더더욱 간밤 쏘내기 내리고 개자 하늘은 정녕 잘 싸리비질 해놓은 아침마당이라기보단 사알짝 닿기만 해도 째앵 금갈 듯한 것이었다. 햇살은 너무 맑아 서럽기도 하고 바람에 쏴쏴 빗질하는 청솔소리라도 날 듯 쏟아지는 것이었다. 뒷산마저 요만치 성큼 다가와 거기 푸나무서리에 숨은 다람쥐의 데굴거리는 눈알이라도 드러내줄 듯 환한 것인데, 지난 봄 갱변의 미루나무 이파리에 별별 보석을 뿌리던 바람은 오늘은 투명하도록 샛노래버린 나락물결을 사스락사스락 쓸며 흐르는 것이었다.

　그리하여 여기서 저기 끝까지 툭 터버린, 그 무슨 절경 그 무슨 통곡일 뿐인 나락물결은 이제 막 씻고 물 툭툭 털며 일어서는 난숙한 여인을 바라보는 가슴의 쿵쾅거림 같은 것을 가져다주며 바람에 일렁이며 만단정회, 만단정회, 만단정회의 이 한 들판을 어데로 뚝 떠매 올려놓고는, 온통 크렁크렁 눈물 넘쳐나게 하는 교교, 교교함 그것으로 새 한마리라도 엄정하게

이 들녘 날게 하는 것이었다. 저기 저 둔덕의 꽃사래 치는 억새며 논두렁의 들국 송이조차 형형 개명케 하는 것이었다.

정 수 곤

아따 이 사람, 자네 요새
논에서 묵고 논에서 잔께
자네 각시 그곳에 곰팡이 슬어불겄네
짓궂은 어른들 놀려대어도

마을의 유일한 청춘 정수곤이는
아낙네 노인네만 남은 이 집 저 집서
부르면 부르는 대로 득달같이 달려가
콤바인으로 보리 베고
트랙터로 논 갈고
이앙기로 모 심을라
담배 한대 참도 아깝기만 한데

그 흑구릿빛 얼굴에
씨익, 새하얀 이빨 드러내 웃으며
거 참 가는 데마다 아줌씨라
내 맨날 꽃밭에 살고

가는 데마다 등 굽히는 영감네들이라
요새 사또나리가 안 부러운디
내가 지금 조강지처 돌아보게 됐냐며

오늘도 두 눈에 형형 불 밝히고
한밤중 노타리 치고
오늘도 두 팔뚝에 송송 구슬땀 굴리며
온 논에 푸른 수 놓는 정수곤이는

아아, 마을에 유일하게 남은
기둥 대들보 서까래라서
그 사람 텅텅텅텅 달려가며는
사방 산천 초록도 박수갈채 쳐대어서.

월 곡 댁

나이 사십에 홀로 되어
아들 사형제 남보란듯이 가르치고
죄다 여의어 서울 보내고도
여적지 농삿일 놓지 못한 월곡댁
그 누가 수군거려도 아랑곳 않고
논 열닷마지기 홀로 돌보는데
그것도 작년부터는 꼬부랑꼬부랑
주룽막대기 짚고 댕기며
기계꾼 불러 하는 일 빼놓곤
손수 물꼬 보고 거름 주고
농약 치고 논두렁 풀베느라
삼복더위 속 논에서 미쳐 사는데
아들네들에게 쌀 보내주는 재미로
그예 농삿일 놓지 못한다는 월곡댁
지난 영감 기일엔 공교롭게도
네 아들 죄다 각기 이유 붙여
전화질로만 안부 전해오자

며느리년 하나 내려오지 않자
차례고 뭐고 딱 그만두고
동네방네 쓸고 다니며 구시렁대길
나 동네다 전답 죄 내놓겠네
자식놈들 모다 지것 가진 양 사니께
동네다 전답 죄 회사허겠네
글먼 죽은 뒤 제사 지내줄 것이여
암은 동네서 제사 지내주고말고

물   길

마을에선 올해도
우수 경칩 뒤 날씨 풀리니
저렇게 저렇게 봇도랑을 쳐낸다
윗뜸 아래뜸 중뜸 삼동네
뉘 한집 빠짐없이 나서서
저수지로부터 들 복판을 지르며
각 논의 물꼬마다로 연결되는
들의 중심물길 봇도랑을 쳐낸다
얼부푼 논두렁 무너져 흙 막히고
농로가 밀려나 폭 좁아지고
고마리며 여뀌며 풀떼가 점령하고
이 논 저 논에서 자기 논 유리하게
물길을 돌리느라 뒤틀려서
급기야 물이 길로 넘치고
혹은 물이 막혀 헛군데로 새고
끝내는 모자라는 물 때문에
윗논 아랫논 물꼬쌈을 붙게 하는

골칫덩어리 물길을 튼다
워낙 크고 힘든 역사라서
가래질 하나만 하는 데도
삽자루를 잡는 장부꾼과
삽자루 양쪽으로 이은 줄을 잡는
줄꾼들이 마음과 호흡을 합쳐야만
쉽사리 일 끝낼 수 있고
내 삽 네 경운기 안 아껴야만
시원스레 물길을 틀 수 있는 일
예의 통돼지도 한마리 잡고
막걸리도 여남은 통 함께 마시며
서로의 애로와 집안의 우환
서로의 희망과 마을의 경사를
홀아비 사정 과부가 알아주듯
함께 나누고 위로해주며
마침내는 물꼬쌈으로 소원했던
그간의 앙금도 말끔히 씻어내는

봇도랑 울력을 한다
콸콸콸 흐를 물길을 튼다
마치 사람의 막힌 길도
그렇게 당당히 쳐내야 한다는 듯
마치 역사의 뒤틀린 길도
그렇게 직바로 잡아야 한다는 듯
올해도 우수 경칩 지나고
봄볕 융융히 내리는 날
또 한해 북망산 가고, 이농하여
일곱집이나 줄어든 사십농가가
영차영차 봇도랑을 쳐내니
저기 저렇게 무논에선
개구리가 목청 힘차게 터뜨리고
바람도 상긋 불어 땀 씻어주어
모쪼록 일년 농사의 새 힘 돋운다

새   참

사람의 한평생은 아름다워라
윗논에서 논을 갈던 칠순 박영감
옆논에서 보리 베는 김영감 불러
한됫박 탁배기를 나눠 마시듯

미끈 유월 들녘은 섧기도 해라
이윽고 두 영감님 담배 물다가
뒷녘에서 들려오는 자귀울음에
눈물도 그렁그렁 넋장을 놓듯

하늘의 은총이야 깊고 깊어라
저토록은 성성한 백발 우으로
햇살은 맑게 맑게 쏟아나지고
초록은 박수갈채 마냥 쳐대듯

초 여 름

햇볕 뜨거워져서
보온 못자리 비닐 거두어주니
애틋하여라, 거기 연둣빛 어린 모들
모 끝마다 맑은 수정방울을 빛내며
세상에서 가장 이쁜 꿈을 꾸다 들켜선
때마침 솔솔대는 명주실바람에
부끄런 듯 부끄런 듯 모 끝 사운거리며
뭔가 뭔가 지극히 옹알거리기도 하며
급기야 제 가진 것 무엇인가, 이 땅에서
가장 여리고 순한 몸짓 하나로
섬뜩한 초록, 초록의 들판을
청청청청 열어젖히는 것이라니

문 득

노타리 쳐서 물 방방히 실어놓은
내일쯤엔 모낼 논에
어디선가 날아내린 흰 고니 두 마리
그 긴 부리로 무언가를 콕콕 찍어댄다

모판을 나르다 문득
그 광경 바라보고 선 늙은 양주

그 무슨 하늘사자 같은 새의
흰 날개 타고 훨훨 날아가면
아아 거기 꿈꾸던 저승 아닐까, 생각에
시방 그만 눈시울은 젖는가 보다

내 새끼들

가뭄 끝, 쌀비 온 뒤
장자실 보성할매
땅에 딱 붙은 콩밭에
듬뿍듬뿍 비료 주면서
많이 묵고 이내 크거라 와!

그 소리 듣고 이 가을
손가락만한 콩깍지를 매달고
바람 한자락에도 주저리주저리
웃어대는 콩밭이렷다

오매 이쁜 내 새끼들!
늬들 때문에 내 서울 못 간다
내 떠나면 늬들 누가 거두노
보성할매 칭찬 또 담뿍 받으며

하기사, 하느님은 밤마다

콩들과 운우지정을 나누어서

아침이면 그 이파리에

이슬 가득 맺힌다는 것이다

고   절

아직도, 아직도 이 땅엔
제 한 목숨 다해 반짝이는 것이 있다

상강 지나며
가슴 후비는 소슬바람
뼈에 드는 찬서리의 나날들 딛고

가령 지난 여름 울아부지
홀로 폭폭하게는 논둑 풀 베다

거기 잠시 담배 한대 물고 앉아
땀구슬 눈물구슬 서리서리 쏟던 자리
노염과 그리움으로 몸서리치던 자리에

저렇게 저렇게
형형 반짝이는 들국떨기의 고요함이여

사람에게서 나온 것은

하찮은 것 하나 안 사라지고

꽃으로 별로 노래로 남는다는 말 있다

저 씻나락 담그는 풍경

하느님의 죄마저도 다 드러내줄 듯한
청명도 쾌청명 아래
뭇 생명의 기미들 한결같이 제 생명의 욕구에
스스로 놀라 부르르 떠는 모습 생생한 날
내 또한 무슨 그리움 하나 찾아볼까 들썽이며
동네 한바퀴 돌러 나선다

봄은 와도 더는 심을 것 없는 마을에 봄은 짙어
앞집 뒷집 사방에 새하얀한 살구꽃 보니
문득 세상의 때 벗은 죽음 같은 것이라도
와락 눈앞에 달겨들 것 같고
사시장철 대숲에서 고요지경을 시샘해쌓던
바람의 흐름 속으로 살구꽃은 또 난분분 진다

그러면 어디에 있는가 내 찾는 그리움은
이제 강아지조차도 얼씬 않는 고샅길 도니
마을 앞 삼밭의 샛노란 장다리꽃무리가

광기로도 모자란 독기로도 모자란
원색의 화냥기로 자꾸만 꽃사래 쳐대고
그 위로 흰 나비 쌍쌍 비몽사몽 속인 듯 날고
또 바람에 물결치는 앞들 초록의 보리 앞에서
일순 내 넋은 고압의 전류 흘러 깜깜하다

하지만 그 초록의 물결 앞에서
우리는 왜 진즉 승천해버리지 못했을까
나도 예전엔 거기에서 보리피리를 불었었다
나도 예전엔 거기에서 애써 앙탈하던
사랑 하나를 눕혔었지만
이제 한사코 한사코 바람은 불고
이제 아니라고 아니라고 보리는 도리질치고
그 위에서 아무것도 모른 채 재잘대는
종달새 노래에 나는 그만 문둥이처럼 서럽다

그러면 어디에 있는가, 길 위에서 길을 찾듯

그리움으로 그리움을 찾는 내 그리움은
썰렁한 회관 옆, 지난 겨울 끝내 반봇짐 싼
명수형 집의 박살난 대문이거나
거기 그가 남기고 간 한숨 탄식 눈물들 하나같이
푸른 노여움의 싹이 되어 돋는 마당이거나
지난 가을 심어놓고 미처 캐가지 못한
텃밭의 한자쯤이나 자라 있는 마늘싹
이제는 그 임자 없는 희망 속에나 있을까

익숙하던 길 위에서 문득 서먹거리는
이 쓰거운 마음의 행로
새벽이면 새벽같이 댓잎 뜬 각시샘에서 물을 긷고
저녁이면 저녁마당을 깨끗이 싸리비질 해놓고
푸르른 연기를 곧게 피워올려 하늘과 내응하거나
새하얀 연기를 옆으로 흐트려 세상을 위무하던
생솔연기의 나라의, 어머니 아버지들의
곧고 부드러운 정신을 이제 더는 볼 수 없다

온통 나간 집 같다

다만 거기 파랗게 옷입은 길섶에
좁쌀 뿌려놓은 듯한 냉이꽃 마구 피어나고
그 귀여운 제비꽃은 오늘도 꾸벅꾸벅 인사하고
논둑에 빽빽히 돋은 서러움의 쑥잎은
거기 꽃다지 개불알풀꽃 쇠별꽃들 함께
이제 짙어버린 봄의 정액을 자꾸만 탐하는데

저 뒷들 몇몇 검은그루에 초벌갈이꾼도 있긴 하다
이 논 저 논 비닐하우스에선 김도 푹푹 새어나온다
하지만 저 뒷산 바우배기에서
이제 마악 들려오기 시작하는 소쩍새의 피울음
그 피울음 먹고 이제 마악 미친 듯 피어나는
저 묵정논의 핏빛 자운영꽃불은 누가 끄는가
어느 순간 걷는데 푸드득 날아오르는 들비둘기떼 쫓아
내로 산으로 달리던 함성이 환청으로나 살아온다

그리하여 고독의 키가 무척은 자라면
저 갯변 미루나무처럼 연둣빛 이파리라도
온몸에 달고 반짝거릴 수는 있을까
거기 맑은 냇물에 은피라미떼가, 꿩 꿔엉
느닷없이 울리는 장끼소리에 놀라 뛰어드는
개구리 몇마리에 혼비백산하는 모습
물가의 빛나는 조약돌 함께 들여다보다간
냇물이 흘러가는 저 먼 곳을 또 한참은 바라보거니

이윽고 풀이란 풀은 다 성난 들을 질러
사방 산천 연두초록 물감 걷잡을 수 없이 번지는
광경 한눈에 보이는 뒷동산에 오르니, 거기 지금은
조팝나무 새하얀 꽃자루가 자꼬만 끄덕이는 때
찔레꽃 말고 찔레꽃 속니파리가 마악 피어날 때
거기 지금은 비비비 우는 비비새거나
쭉쭉쭉 우는 머슴새거나, 한창
잡덤불 사이로 쫓고 쫓기는 사랑놀음으로 바쁜 때

그럴지라도 내 신명나는 그리움은
저기 발치 아래 가슴 저미도록 휑한 마을의
동구밖 정자나무에 있지 않다
그 위의 까치집 몇채에 있지 않다
하마 남은 집들은 진달래 꽃잎을 따서 술을 담고
하마 집집의 장독마다 햇간장 맑게 우러날지라도
한번 흘러버린 사랑의 뒤안길에서
슬픔의 버얼건 화농을 덧들일 뿐인 이 그리움

그러나 그러나 내가 아직 말하지 않은 것은
아까 윗뜸 샛길 접어오다
어느 집 담 너머로 그만
황망간에 바라보고 놀라 급히 고개 돌렸던
그 씻나락 담그는 풍경에 대해 말하지 않은 것은
하늘도 알고 땅도 알고 나도 아는 일이다
바람도 알고 꽃도 알고 햇빛도 아는 일이다

지난 겨울 집채만한 외국산 태풍이
이윽고 이 들녘을 마지막으로 덮쳐
아버지도 어머니도 앞집도 뒷들도 농기계도
온통 갈기갈기 찢어놓았을 때
우리는 그저 폐허의 상처나 뒤적이던 나날 속에서
결국 씻나락만큼은 간수해왔더라니
그리하여 씻나락만큼은 그예 담그더라니

이제 그 아침 다시 오지 않으리라던 마을에
이제 다시 땅이 발정의 신열에 들떠
아지랑이를 피워올리고
급기야 저기 저렇게 논 봇도랑에서
수많은 개구리들 암놈 수놈 업고 업히어 걀걀걀걀
불 앓는 소리 만발케 하는 그 힘 그 유정 속에서
가래톳 서는 내 그리움 하나쯤은 끝내 찾나니

봄햇살 융융한 봄날 보리밭 너머 저 지평선이여
뭇 생명의 싹들 무장무장 자라는
그 경이의 찰나까지 드러내줄 듯한 청명이여
온몸 다 문드러지는 절망, 그 뿌리에서 돋는
새싹의 욕구 하나로 또또 진저리치는 만물 위에
내 그리움의 금가루 은가루 마구 뿌려보나니

제 3 부

저 홀로 가는 봄날의 이야기

"얼씨구, 긍께 지금 봄바람 나부렀구만잉!"

일곱자식 죄다 서울 보내고 홀로 사는 홍도나무집 남원할매 그 반백머리에 청명햇살 뒤집어쓴 채 나물 캐는 저편을 향해, 봇도랑 치러 나오던 마흔두살 노총각 석현이 흰 이빨 드러내며 이죽거립니다.

"저런 오사럴 놈. 묵은 김치에 하도 물려서 나왔등만 뭔 소리다냐. 늙은이 놀리면 그 가운뎃다리가 실버들 되야불 줄은 왜 몰러?"

검게 삭은 대바구니에 벌써 냉이, 달래, 쑥, 곰방부리 등속을 수북이 캐담은 남원할매도 아나 해보자는 듯 바구니를 쑤욱 내밀며 만만찮게 나옵니다.

"아따 동네 새암은 말라붙어도 여자들 마음 하나는 언제나 스무살 처녀 맘으로 산다는 것인디 뭘 그려. 아 저그 보리밭은 무단히 차오르간디?"

"오매 오매 저 떡을 칠 놈 말뽄새 보소. 그려 그려. 저그 남원장 노류장화라도 좋응께 요 꽃 피고 새 우는 날, 꽃나부춤 훨훨 춤서 몸 한번 후끈 풀었으면 나도

원이 없겄다. 헌디 요런 호시절 다 까묵고 니 놈은 언제 상투 틀 테여?"

"아이고, 얘기가 고로코롬 나가분가? 허지만 사방 천지에 살구꽃 펑펑 터진들 저 저 봄날은 저 혼자만 깊어가는디 낸들 워쩔 것이오, 흐흐흐."

팬스레 이죽거렸다가 본전도 못 건졌다 싶은 석현이 이내 말꼬리 사리며 멈추었던 발 슬금슬금 떼어가는 그 쓸쓸한 뒷모습에 남원할매 그만 가슴이 애려와선 청명햇살 출렁하도록 후렴구 외칩니다.

"이따 저녁에 냉이국 끓여놓으께 오그라이. 우리집 마당에 홍도꽃도 벌겋게 펴부렀어야!"

홍도화 필 때

아 글쎄 새뜸 홍도나무집 김생원은요 엊저녁부터 울어댄 누렁년이 새벽녘엔 아예 바락바락 악을 써대는 통에 잠을 설치곤 일찌감치 아래뜸 박영감에게 전화를 걸었더랍니다.

"어이, 지금 자네 부사리 좀 빌려야 쓰겄어."

"새퉁빠지게 그건 워따 쓰게?"

"아 그곳까장 안 들리던가, 우리집 누렁년 불 앓는 소리?"

"워매, 글면 과학적으로다 해결헐 일이제 이 문명 대낮에 웬 재변이라냐?"

"쌕꾼이 폴쎄 세 파수나 댕겨갔어도 그 모냥여."

"그려어? 글면 어디 모처럼 회춘이나 해보까!"

그 전화 뒤 곧바로 마을 대밭 돌아 공터에선 집채만 한 부사리가 배에 시뻘건 장칼을 차고 콧김을 씩씩 뿜으며 후닥닥 달려가, 꽃빛으로 단 엉덩이를 한껏 뒤로 버티고 선 누렁년 등에 번개처럼 오르고 있었드랬는데요.

아 글쎄 때마침 저 남산에서 쑤욱 올라오던 아침해
가 그걸 내려다보고는, 그 해맑은 얼굴을 새빨갛게 물
들인 채 숨도 제대로 못쉬고 한참 동안이나 딱! 멈추
어 있더랍니다.

분통리의 여름

닷새 만에 헛간에서 발견된
월평할매의 썩은 주검에서
수백 수천의 파리떼가 우수수,
살촉처럼 날아오르는 처참에 울고

빈대 뛰는 온 방안 뒤지고 뒤져
찾아낸 전화번호 속의 일곱 자녀들
기름때 묻은 머리로 하나 둘 달려와
뒤늦게 뉘우치며 목놓는 아픔에 울고

급기야 상여를 멜 남정네들 모자라
경운기로 울퉁불퉁 북망길 떠난 할매
굴삭기로 파놓은 구렁에 묻히는
그 험한 종말에 또 울었지만

어디 그뿐이랴 이 사양의 마을
그 어디건 헐린 담장, 텅 빈 마당에

개망초 눈물꽃은 흐드러지고
뻐꾹새 피울음은 종일 쏟아지고

이제 불과 예닐곱집 연기나는 곳
퀭한 눈만 남은 또다른 월평네들의
간단없는 해소기침만 너무 질겨서
사방 산천 진초록도 목숨껏 노엽고

남은 시간

한쪽 귀가 주저앉은 슬레이트집
그 대문 앞에 작대기 의지하고 선
노인의 얼굴에 번지는 노을의 시간

끝내는 팔 수 없었던
눈물의 구슬밭이던 문전옥답엔
시방도 쏟아지는 소쩍새 피울음으로
자운영꽃불은 일렁이는데

누구도 호명해주지 않았던
궁벽의 한 생애처럼
바싹 마른 앞개울에선
더는 날 닳은 삽자루도 씻을 수 없다

적막이 산처럼 쌓이는 텅 빈 주위엔
노인의 한점 물기마저 앗아버린
새 초록들 저희끼리만 울울할 뿐

인제 더는 가 닿을 곳 없는
그리움의 피 마지막 끓여
바짝 타는 노을의 불꽃에
봉두난발쯤은 들이밀거나 들이밀거나

시방도 쏟아지는 소쩍새 피울음에도
끝내 한점 미동이 없이
장승으로 굳어버리는 노인을 위하여
인제 거기 묻혀버리면 저승인 어둠이
쑥물처럼 짙어오는 장엄의 시간

산 아 이

용골 아이 김순동이는
재 넘고 내 건너는 시오리 학교길
타잔처럼 날래게 뛴다
2학년짜리 그 아이
동무들 하나같이 떠나버려서
하학길엔 냇가에서
홀로 다슬기 송사리 잡고
숨 하나 안 차게 뛰어오르는 산길에선
머루딸기 따고 나리꽃들과 노닥이다
뉘엿거리는 해 동무하여
산막에 들면
지난 겨울 아이와
산노루 쫓다 허리 다친 그 아비
으흐흐흐 짐승처럼 끌어안고
그때쯤이면 칠흑 천지 속으로
알별 잔별 총총
풀벌레 울음 따글따글 영글어

머언 전설 한 태산 내려쌓인다
산아랫말 더벅머리 총각과
눈 맞아 떠나버린 그 어미처럼
우리 너무 쉽게 숫정을 버릴 때
우리 추억의 문도 소리없이 닫히고
용골 아이 김순동이 오늘도
야밤중에 오줌 싸러 나왔다가
산정 위 일등성 보고
엄마! 하고 부를 때
산이 산으로 우는 소리며
별이 별로 우우우 떠는 소리 더한
지상의 모든 순결한 것들이
제 몫의 외로움을 싸하게 깨닫는 소리
땅 끝 어디 한포기 풀잎에까지
싱싱한 이슬로 미쳐 떨린다

풍경에 대하여

자고 나서 둘러보면
저 깨꽃 피던 산밭자락에
궁전 같은 별장이 둥실 뜨고
이제 그쯤에서 해종일 김을 매다
서산 봉우리 바라보는 아낙은 없다
논두렁 풀 베다 고개 들면
저 산영 잠기던 저수지 언덕에
오색 칠색 만국기 펄럭여대는
러브호텔이 우뚝하니
밤이면 그 질탕치는 불빛 속에
하늘의 별들도 눈을 감고
노인들은 일찌감치
삼십촉 흐린 등불을 꺼버린다
남은 것은 우리에게 쓸쓸함뿐
차마 막막한 마음
저기 신작로 쪽에나 눈을 주면
거기엔 또 주유소며 가든음식점

검은 세단들로 즐비하여
산천초목 그 정결함에 길들여진
우리의 눈 둘 곳은 어디인가
늙은 애비의 썩어 빠진 이빨처럼
날마다 듬성듬성 비는 마을에
급기야 골프장이 들어선다는 소문뿐
삶의 관절들 마구 꺾어대는
포크레인의 굉음 소리에
개구리소리도 더는 위안이 못된다면
오, 시골을 만드신 하느님
이제 당신이 하실 일은 무엇인가
오늘밤도 당신의 상처 위에
화농처럼 덧들이는, 저기 저
나이트클럽의 밴드소리 끈적댄다

마을 앞 삼밭

마을 앞 삼밭은
한 두 정보쯤 되는데
마을의 오십여 농가
각각 백여 평씩 나누어
채소 곡식 치는데
봄부터 늦가을까지
장다리꽃 메밀꽃 피고
마늘씨 감자알 여물고
상추 아욱 쑥갓이며
콩과 팥과 참깨
하나같이 어우러지는데
녹두처럼 작은 김씨
배추처럼 속 찬 임실댁
수수처럼 키 큰 박노인도
내남없이 어우러지는
아아 마을 앞 삼밭에
아아 몇달을 족히 가물다

장대비라도 쏟아지면
채소 곡식 사람 모두 모두
온통 초록춤 추시는데
이런 세상 평등 세상
천하에 내놓아 자랑인 세상
아침 일찍 밟노라면
거기 하느님의 맑은 햇빛과
이슬 뒤집어쓴 잎새들
어찌 저리 생생할까 싶은데
어쩌자고 어쩌자고
청벌레 응애 진딧물까지
죄 한점, 때 한점 없이
생령의 향기로 가득한데

쥐   불

고구려고구려

하늘로 연기가 오르네

삭풍설한 헤치고 들은 또 열렸네

이 봄 외로운 것이

어디 논둑 밑의 애기쑥뿐이랴

는개빛에 가린 먼 산 보고

내일을 꿈꾸는 짓 삼가니

어디서 길게 길게 황소가 우네

생애의 마지막 꽃이었던

닷마지기 논을 빚잔치로 날려버리고도

몸의 근력 삭이지 못한 외로움,

그리하여 이 봄 다시

하늘로 곧은 연기 피워올릴 수 있다면

꽃샘바람이 불고

이월 장독대 터진다 해도

저 푸르른 기도 타고

영등할매 하늘로 오르고

또 하늘의 속삭임 내려와
다시 씨 뿌릴 수 있다면
우리 어디 탄식할 수나 있으랴
연기는 다시 오르고
삶은 고뇌의 포즈에 있지 않고
봄눈 터져도 굽은 등 또 구부리니
어디서 길게 길게 징소리 울리네

싸 락 눈

확성기가 수차례 짖어댄 후에야
누군 딸기 비닐하우스에서
누군 겨울논 깊이갈이를 하다
누군 신경통 때문에 지팡이를 짚고
하나 둘 머쓱거리며 나타나는
오늘은 섣달 스무날 마을총회날

하늘은 잔뜩 찌푸려 있는데
일년 새에 폭싹 늙어버린 얼굴들
올해도 이미 일곱집이나 떠나보내버린
허한 마음들이야 퀭한 눈빛이 말해준다

거두어봐야 냉해 쭉정이뿐이던
올 한해 결산보고가 끝나고
이윽고 이어진 신임 임원선거에서
이장 새마을지도자 개발위원 등의
감투가 자꾸만 땅바닥에 나뒹굴고

쌀빚장이 풀렸는데 이제 어떡한다냐
벌써 우시장에선 소값이 급폭락하여
전쟁이라도 날 것 같더라 어떡한다냐
순식간에 회의는 옆길로 새고
찌푸린 하늘은 더욱 음산히 내려앉고

또 윗뜸 밤실노인은 노망을 했다더라
새터 형순영감도 전답을 내놨다더라
어쩌자고 올 세안엔 큰눈 한번 없어
뒷들 보리 다 얼어 죽겠구나, 웅성대자
글러버린 회의 작파하고 술이나 먹자고
구판장 김씨가 막걸리를 내놓는다

한해의 끝, 저물어야 할 때 저물지 못하고
불안과 초조, 탄식과 절망의 가슴만 깊어
저토록 흙빛 얼굴의 골 패인 어둠들인데

새해엔 뒷계곡에다 백숙집이라도 칠거나
읍내 나가 노래방이라도 인수할거나
이 좋은 땅에 공장 골프장 못짓게 하고
씨 뿌리고 거둔 죄 큰 바 있어, 이윽고
뿌려대는 싸락눈에 마음 부서지는 사람들

끝내 이장 선출은 불발이다
끝내 볍씨 추가신청자는 없다
다만 너나없이 몇잔 술에 불뚝거리다
서둘러 비닐하우스로 달리는 어깨들 위로
후두둑 싸락눈 치는 오늘은 마을총회날

풀들의 배웅

그대 정녕 오십 평생의 삶
용달차 하나로 수습하여
대밭 돌아 고샅길 빠져가는 길섶에
그대 눈물 얼마나 노여웠으면
다복쑥 바라구 질경이 토끼풀들
저렇게 저렇게 퍼렇게 타오르니
그대 어느 거리에 헤맬지라도
산 위에 달 뜨거든 고개 들지 말고
가을비 고향생각에 또 고개 숙이지 말고
그대 마침내 왕창 망하는 날
하얀 재 한줌으로나 돌아와
거기 거기 하염없이 뿌려지는 길섶에
그대 눈물 얼마나 뜨거웠으면
개망초 패랭이 달개비 엉겅퀴들
형형색색 꽃을 피워 사래 쳐대리

별

겨울 하늘 두드리면
쨍—— 소리날 것 같이 추운 날

들녘의 짚가리 밑에 앉아
거기 옥실옥실 모여 속살거리는
햇볕 속에서 놀다 오니

늙은이 혼자 거처하는 잿등집
어둔 대울바자에
쌀 씻는 소리로 반짝이기 시작하는

오, 별이여 !

눈물말고 눈물말고
네 형형한 보석 무엇으로 빚으리

늦은 유월

개망초 흰 꽃무리 꽃사래 쳐선
하늘가에 뭉게구름 피워올리고

뭉게구름 저편에 눈을 두고선
찬밥 몇술 삼키는 박영감 내외

발 아래 다랑논은 아직도 종종
심어논 어린 모는 바람에 살랑

시절은 미끈 유월 진초록인데
신작로엔 행락차량 즐비도 한데

우두둑대는 영감 내외 허리를 쓸며
온 들녘엔 쓰라린 쑥국새 울음

오늘도 쌀밥을 먹는다

나락섬에 불을 지르고 돌아온 이재풍씨
속 끓는 아내가 차려주는 쌀밥을 먹는다
울대를 치는 오열도 함께 꼭꼭 씹어서

군청에 농기계를 반납해버린 오근선씨
군청 앞 식당에서 김칫국에 쌀밥을 먹는다
가슴 뿌리부터 치밀어오르는 걸 애써 누르며

아아 떼호랑이눈 몰려오는 이 혹한 속
어디서 서러운 쑥이파리 한잎 돋는가
어디에 뜨거운 등불 한등 걸리는가

삭발 단식에 혈서에 주민증을 죄 반납하고도
김씨 박씨 고씨 모두 쌀밥을 꾹꾹 먹는다
그 위에 탁배기 한 됫박도 터억, 걸치며

쌀밥의 힘으로 일평생 땅을 파온 사람들

쌀밥의 힘이 세상을 바꾸리라는 믿음이 깨진
이 깜깜한 날에도 새하얀 쌀밥을 고봉 먹을 때

저기 참대밭에 우수수 내렸다가
쏴아 콩 쏟아붓는 삭풍에 하늘로 치솟는
새떼의 비상을 결코 희망이라 말하지 않는다

길

구름 한점 없이 쟁명한 어느 종명의 날
그대들의 가난한 경영 낱낱이 밝혀지리
길다면 긴 칠팔십 평생 지상에서
기껏 땅 파는 죄밖에 못 짓고
저물녘이면 서산의 흰 능선 함부로 바라보며
가끔작 탄식이나 내뱉은 죄 밝혀지리

똑똑히 배워 펼칠 당당한 길 못넘보고
박수갈채 속 칼 빛내 평정할 땅도 놔두고
이제는 모두들 떠난 자리 우북두북 풀이 덮고
앞뒤 산천에 참새떼 소리만 방자해진 곳
고독과 고통의 주막집 술잔에 쓴 맛 들이며
비 때 모 심고 눈 때 배추나 거둔 죄 밝혀지리

바람 한자락만 건들 스쳐도
한없이 일렁이던 초록과 별무리와 그리움들
쨍한 가을이면 일망무제 트이던 샛노란 나락물결

그 하나 생의 절경 삼고 허위단심 걸어온
길이래야 기껏 논두렁 밭두렁의 이슬 젖은 길
길이래야 기껏 무명의 풀꽃 한송이의 길

밝혀지리, 거기 온통 쟁명한 어느 종명의 날
싫다는 걸 싫다는 걸 한사코 보리밭에 눕혀
혹은 사남삼녀 혹은 삼남칠녀 뽑으면서
그 마누라 손등에 크림 한번 못 발라주고
어느 팔푼 자식 하나 이 땅 지키게 못 다스린 채
끝내 소쩍새 울음으로나 들녘 떠돌 죄 엄정하게.

땅투성이

당최 물려받은 땅이라곤
집에 딸린 텃밭 한자락 없이
이 집 저 집 상머슴 살고
이 동네 저 동네 갖은 품 팔고
심지언 읍내 공사판까지 떠돌아
어찌어찌 앞들 수렁논
가슴께까지 푹푹 빠져
헐값에 내논 닷마지기 사서는
갱변의 자갈이란 자갈은
수십 수백 짐 손수 져다넣고
통관 묻어서 물길 돌리고
마침내 건답배미로 바꾼 뒤
차랑차랑한 첫 나락 거두어
가을에도 거둘 것 없던 설움
이제야 풀게 됐다고 울던 정석씨
올해도 그 배미에 객토를 넣는다

그 당당함으로 몇년 뒤엔
또 뒷들의 석비레 하늘받이
너마지기 사들여서
곡괭이 두 자루 다 닳도록
바윗부리 캐내고
열 자루 삽 다 뭉그러지도록
돌 자갈 모래 쳐낸 뒤
다시 개간지에서 황토 수천 짐
기적처럼 져다 부리고
또 뒷산 골짝에서 논까지
그 험한 물도랑 쳐서는
땅심 깊고 물 좋은
동네 최상등답으로 만들어
위아래뜸 중뜸 삼동네가
혀를 내두르게 하던 정석씨
올해도 그 배미에 객토를 넣는다

하다 못해 하천 자투리라도
하다 못해 자갈둔덕이나
잡종지 한 뙈기라도
하다 못해 개간하다 포기한
산전 몇평이라도 눈에 띄면
그날로 자갈 쳐내고 흙 들이고
인분 넣고 풀두엄 넣어
이윽고 그 가당찮은 곳에서
콩이며 고추며 옥수수
주저리주저리 열리게 하고
상추 배추 시금치 참깨가
새파랗게 너울거리게 해야만
직성이 풀리는 정석씨

누군가 뒤에서
괜히 시새워 말 묻혀내면
어차피 썩을 몸뚱이

노다지 놀리면 뭣혀

땅도 곡식 거두라는 땅인디

노다지 쇠말뚝 박으면 뭣허냐고

단박에 뒷말 재우더니

그 정석씨 올해도

이 논 저 논에 객토를 넣는다

늘상 폭폭증만 거두는 땅

더더욱 목 잘려버린 쌀농사 위해

마파람에 구슬땀 씻으며

객토를 넣는 날

저렇게 저렇게 봄볕은 내려와

그 호호백발을 한껏 쓸어준다.

제 4 부

화 음

나의 사랑은 가령
네 솔숲에 부는 바람이라 할까
그 바람 끌어안고 또 흘려보내며
온몸으로 울음소리 내는 것이
너의 사랑이라 할까

나의 바람 그러나
네 솔숲에서만 그예 싱싱하고
너의 그지없는 울음 또한
내 바람 맞아서만 푸르게 빗질하는
그런 비밀이라 할까 우리의 사랑

바람 부는 날

나 혼자다
나 혼자서만 바라보는
순초록 보리물결
그 앞에서
가슴이 꽉 막혀선
먼 데로 눈 들고 마는
형벌이다

시방 저만치에선
사과꽃도 펄펄 날리는

나 스러져 너 빛나리

사랑아, 내 비록
새벽 찬 서리 되어
들국, 네 꽃잎 위에서
잠깐 반짝이다가
또 스러지는 것으로
네 빛깔 더욱 빛나고
네 향기 더 먼 데까지
드날릴 수 있다면
이 가을 다하도록
내 뜨거움
그렇게 시리게 부서져
네 꽃잎 위에 내린들
이 아픔 그 누가 눈치채리
네 꽃잎 위에
눈물 몇방울 남긴들
네 자태 왜 생생치 않으리

밀   어

입춘 뒤 동부새 불어와
무슨 말 전하길래
매화가지 자꼬만 끄덕이더니
곧이어 한 사나흘쯤
꽃샘바람 치고
깨지도록 눈 퍼부은 뒤
화아따
그 풍설에 할퀸 자죽마다
매화꽃 팡팡
튀밥 튀기는 것을 보누나

내가 더 무엇을 듣겠느냐

세 월

그러니까, 오뉴월 진초록 속을 뚫고
선홍 선홍 선홍빛 석류꽃 피는 일이
저토록 산뜻하고 해맑아서
새들도 꽃가지에서 꽃잎 따물고
저리 우수수 날아오른다면.
그러니까, 그 꽃그늘 새울음 아래
우리 가슴속 꽃 밝히고 새 날리며
우리 서로 얼굴 맞볼 때
네 맑은 눈동자 속에 내 얼굴 잦아들고
내 짙은 눈동자 속에 네 얼굴 젖어든다면.
그러니까 그러니까, 이윽고는
저기 청산이며 나무들이며 풀꽃들이며
대책없이 흔들어대는 쑥국새 울음에
뚜욱 뚜욱 뚜욱 석류꽃마저 지는 일이
단 하루라도 한시라도 늦춰만 진다면.

눈물을 위하여

저 오월 맑은 햇살 속
강변의 미루나무로 서고 싶다
미풍 한자락에도 연초록 이파리들
반짝반짝, 한량없는 물살로 파닥이며
저렇듯 굽이굽이, 제 세월의 피를 흐르는
강물에 기인 그림자 드리우고 싶다
그러다 그대 이윽고 강둑에 우뚝 나서
윤기 흐르는 머리칼 치렁치렁 날리며
저 강물 끝으로 고개 드는 그대의
두 눈 가득 살아 글썽이는
그 무슨 슬픔 그 무슨 아름다움을 위해서면
그대의 묵묵한 배경이 되어도 좋다
그대의 등 뒤로 돌아가 가만히 서서
나 또한 강 끝 저 멀리로 눈 드는
멀쑥한 뼈의 미루나무나 되고 싶다

출렁거림에 대하여

너를 만나고 온 날은, 어쩌랴 마음에
반짝이는 물비늘 같은 것 가득 출렁거려서
바람 불어오는 강둑에 오래오래 서 있느니
잔바람 한자락에도 한없이 물살치는 잎새처럼
네 숨결 한올에 내 가슴 별처럼 희게 부서지던
그 못다한 시간들이 마냥 출렁거려서
내가 시방도 강변의 조약돌로 일렁이건 말건
내가 시방도 강둑에 패랭이꽃 총총 피우건 말건

그 순간

기차는 마침내 빼액 소리를 지르며
저 산모퉁이를 돌아 사라져가고
사내는 그녀가 마지막 건네주고 간
구리반지 하나를 일그러뜨리며
털썩 철로변에 주저앉는 그 순간
사내의 가슴속에 가득 출렁이던 눈물이
왈칵 쏟아지기라도 한 듯
그 앞에 흰 들국화 서리서리 피어났습니다

그리움의 시시때때

속 타게 속 타게

보아라 꽃 진다
난분분 난분분 복사꽃 진다

보고픈 너는 멀리 있고
서러움 하나는 내 몫이어서

낮술에 취해
혼자서 달아
바람의 꼬리나 뒤쫓는데

보아라 새 운다
속 타게 속 타게 소쩍새 운다

초록편지

가뭄 끝에 장대비 오시자
그 매 다 맞으며
초록이 펄펄 춤을 추고
비 끝에 또 햇빛 나자
속창까지 씻긴 초록
그만 섬뜩하네

그 초록을 뚫고
뻐꾹── 뻐꾹── 소리 들려오니
아, 그리움의 끝은 어디인가

잔바람 불어와
나는 차라리 속살 열고
한잎 초록으로 반짝이리니

이슥토록

메밀꽃 피는 일을
누가 말리랴
흐드러져 반짝인들
어이 말리랴
풀여치도 이제는
제철 만나서
은구슬 굴려대는
메밀밭에서
푸르른 달빛일랑은
어이 누리랴
그 어디 네가 있어
함께 누리랴

첫 눈

너 거기 있고
나 여기 있는
그 기나긴 거리를
첫눈이 꽉 채운다

그러면 시방
너 거기 창가에 서고
나 여기 창가에 서서
가슴은 온통 설레이느냐

보라, 무장무장
눈발은 짙어져
윗길 아랫길 다 끊긴다
이제는 어떡하느냐

봄비 내리면

봄비 내리면
저 대그늘진 뒷마당의
층층 더께진 삼동얼음 녹으려나

봄비 내리면
저기 저 시퍼런 탱자울 너머
꿈결인 듯 유유히 앞강물도 풀리려나

동네 한복판쯤에
두발 뻗고 퍼질러 앉아
딱 쿵딱! 되게 한번 먹이고
아이고 한울니——임,
목 넘기면
봄비 내리면

내 마음속 자갈밭 귀영치에도
강파른 씨톨 하나 이윽고 눈을 떠서

이제는 하늘도 젖은 하늘 아래
저 둔덕 밑의 꽃다지며 황새냉이꽃,
벌써 저렇게 차오르는 보리밭이랑
한번쯤 목메임으로 흐르려는가

목   숨

여기서 보아도 저기
잔가지 하나까지 드러나는
정정한 겨울숲 본다
내 혼자 너무 많이 봐서
세상 누구 혹 눈 막힐라.

뒤란 짚벼눌 속에 들고 나며
조석으로 뒷창을 여닫는
참새소리 공으로 듣는다
내 혼자 너무 많이 들어서
세상 누구 혹 귀 닫힐라.

하염없이 대숲 쓸리는 밤이면
아픈 눈물 꺼내고 달구어
한천의 별쯤은 형형 닦는다
내 혼자 너무 많이 닦아서
세상 누구 혹 길 밝힐라.

이 낮고 소슬한 땅에서
오늘도 별똥별 하나
적막 속으로 지는 것 본다.

대   설

밖에는
눈 퍼붓는데
눈 퍼붓는데

주막집 난로엔
생목이 타는 것이다
난로 뚜껑 위엔
술국이 끓는 것이다

밖에는
눈 퍼붓는데
눈 퍼붓는데

괜히 서럽고
괜히 그리워
뜨건 소주 한잔
날래 꺾는 것이다

또 한잔 꺾는 것이다

세상잡사 하루쯤
저만큼 밀어두고

나는 시방
눈 맞고 싶은 것이다
너 보고 싶은 것이다

애진 것들 애진 것끼리

우체부조차 오지 않는 날이면
집 뒷산 억새밭에 들어
거기 우수수 날아오르는
붉은머리오목눈이떼에 섞일 일이다
금방 부서져버릴 듯한 쓸쓸함 같은 것
소소소 일렁이는 그 터전에
또다시 날아내리는 그들의 양식이
찔레덤불의 빨간 열매 몇개인들 어떠랴
그 씻기는 터전에선 늘 바람이 일고
바람 일면 시린 코와 부릴랑은
가슴의 깃털 속에 부비다가
햇빛 환한 날이면 톡톡톡
온기 몇점 서로 쪼아보기도 하지만
밤톨만한 그들은 언제나 혼자가 아니다
또 몇놈은 서로 쫓고 쫓기는
사랑놀음도 행여 잊지 않는다
누구 하나 호명해볼 이 없는 날

아, 씻기는 씻기는 억새밭에 들어
거기 너무 애진 것들 애진 것끼리 모여
해종일 우수수 날아오르고 날아내리는
그 반짝이는 숨결들 속에 섞이면
내 소슬한 가슴속에서도
그리움의 잎새 같은 것 부산히 흔들리고
삶의 융융한 나라의 그 새소리들
어느새 차운 하늘 가득히
저녁별을 총총 깨우는 것이 보이리

겨울나기

방안에서조차 콧김이 서리는 밤
곳간 속 시렁에 걸린
씨오쟁이 속의 나락씨 토란씨들은
서로의 몸을 비비고 있으리

덕석을 쓰고도 혼자서는 떨려와서
하마 몇번씩이나 영각을 쓰던
외양간 부사리는, 이제쯤
새어드는 달빛을 무척은 쳐다보리

큰눈이라도 내렸으면 좀 좋으련만
뒷들 보리밭의 애보리싹들은
또 파랗게 파랗게 얼어서는
고독의 절정을 견디고 있기는 하리

또또 마음 하나 잘못 잡으면
송두리째 넘어갈 삭풍 속에서

되레 그 여린 우듬지 끝에
형형 별을 이고 서 있을 미루나무여

겨울을 겨울답게 나는 것들은
뒷산 봉우리처럼 조금은 높고
그 끝에 둔 꿈처럼 조금은 외롭고
그걸 보는 정신처럼 조금은 성성하리

밤안개 속에서

그토록 지독한 안개는 내 생전 처음이었다
길 중간에서 좌로 꺾어 대평리로 오르는
그토록 익숙하던 길을 찾지 못하고 헤매다
자전거 전조등에 희부옇게 드러나는 것만 믿고
그만 살얼음 낀 수렁에 빠져버리기도 한 것이다

어떻게 그곳을 빠져나왔는지
이빨 딱딱 마치도록 떨려오는 몸을 겨우 세우고
사방을 둘러봐도 저 어디메쯤 잔등에서 늘 빛나던
외등 하나 글쎄 보이지 않던 것이다, 하기사
삶이란 그런 꽉 막힘 속에서의 헤매임이라는 걸 종
종 느끼기는 했었지

그렇다 해도 그간 새벽도 가차운 때 안개 때문에
좌로 꺾어야 할 그 길에서 정반대쪽인
우로 꺾어 풍산리 쪽으로 가버렸다는 것은
익숙했던 오감마저도 이미 내 삶의 지향에

어떤 도움을 줄 수 없다는 것의 확인에 지나지 않던
것이다

하기사 전후 한치 밖도 보이지 않는 데서
이렇게 안개 속에 꽉 막혀
이대로 안개 알갱이로 풀려, 그만
안개 속으로 빨려버리는 게 아닌가, 하는데
마침 밤칙간에 가느라 등을 밝힌 풍산리 주막의
그 흐릿한 불빛이 어찌 출구로 보이지 않았겠는가

난데없이 찾아든 손님에게 술국을 데워 내놓는
그 주막댁의 대접만한 젖가슴을 힐끔대다
그 욕망의 무모함, 그리고 지금껏 믿어왔던
인식의 허망함에 진저리치기도 했던 것인데

아무리 안개가 첩첩으로 짙다지만
정신을 어따 두고 댕기냐던 것이다

오늘밤만 해도 벌써 길 잃고 찾아들었다가
대절택시로 나간 손님이 셋이나 된다던 것이다
저기 대평리와 풍산리 갈림길에선
자동차가 서로 부딪쳐 죽은 자가 발생하기도 했다는
것이다

주모의 말에 나도 얼른 전화로 택시를 부르려다
아직 창창한 나이에 그래도
내 다리 내 오감 내 인식을 못 믿는다면 어쩌랴,
정녕 안개 짙어도 새벽빛 나면 걷힐 것, 그때까지
이 안개 속 힘껏 헤매보는 것도 괜찮을 성싶어
게슴츠레한 과수댁 눈빛을 박차고 다시 밖으로 나와
걸었었다

그러자 내 눈앞에서, 더는 집 있는 대평리 쪽도
꼭 가 닿아야할 쪽인가 하는 의문과 함께
우선 당장은 내 살아있는 존재 안에서 후끈해오는

그 열기가 몇잔 술 때문은 아닌 것 같아
숨통 조여오는 추위와 안개도 더는 발을 걸어
그 길바닥에 나를 쓰러뜨리지 못하던 것이다

불타버린 숲에서

내 마음의 불타버린 작은 숲에는
세월의 바람을 정갈하게 빗질하던
고고한 솔 한그루 자라지
않는다, 거기 동박새며 뱁새떼
우수수 오르고 우수수 내리던
잡덤불 속 생의 따뜻한 숨결은 어디
갔는가, 꿈의 산정을 치닫던 노루 한마리
목말라 계곡에 내려서도
없다, 거기 구슬 구르는 소리로 흘러
산비알의 은방울꽃을 흔들어주던 물소리
없다, 거기 별들의 이슬을 받고
새벽의 눈빛을 닦던 생목의 향기
없다, 내 마음의 불타버린 숲
한때는 싱그런 햇살에 반짝이던 잎새의
참나무들 겨울 열매 몇개 떨구며
스적이는 것처럼 조금은 외롭고
한때는 숲 위에 번지는 저녁놀빛과

양떼구름 두른 봉우리처럼 조금은 높고
또또 슬픔과 기쁨의 우로며
노염과 그리움의 짐승 같은 사계를 다스리던
청청한 명상의 아버지, 그가 거처하던
숲에서 이제 누가 숲을 일으키는가
보라, 내 마음의 불타버린
뼈와 뼈의 형해들만 웅성이는 숲에
불쑥불쑥 솟아버린 바위와 바위,
그 위에 얹힌 풍설의 각질까지를
뚫고, 가령 숲의 흙의 세포 세포 속에
뿌리를 감추었던 잔디풀 같은 것들
맨 먼저 파릇파릇 돋아나는가
지금껏 눈길 한번 주지 않은
애장터 서리의 앉은뱅이꽃 같은 것들
땅 밑으로 서로서로 실핏줄의 길을 내어
기어이 숲의 숨통을 트고 마는가
그리하여 침묵과 폐허가 키운

어디선가 다시 날아드는 멧새소리와
골짜기의 돌틈까지 스며든 빛살을
불러, '이제 다시 봄이다'라고 말한다면
숲이여, 내 마음의 작은 숲이여
이제 나는 네 좁은 오솔길에서
한동안 눈물 글썽거려도 죄 되지
않겠다, 아아 생은 언제나 솔뿌리 밑의
불개미 같은 것으로도 웅성거려
또 하나의 하늘을 일으키나니, 숲은
그 모든 작은 것들이 세우는
정정한 마을의 또다른 이름이겠다.

결코 쓰러지지 않을 궁산리의 이야기

곽 재 구

고재종은 예로부터 대나무로 유명한 담양군의 수북면 궁산리에 산다. 이름에서부터 깡촌 냄새가 푹 풍기는 동네의 초입에 들어서면 이 마을의 풍경이 결코 그 이름의 팍팍함에서 벗어나 있지 않음을 알게 된다. 못생기고 꾀죄죄한 지붕들, 낡을 대로 낡은 담장들, 주먹보다 더 큰 돌들이 푹푹 불거져나온 고샅길들, 녹물을 뒤집어쓴 채 주저앉은 낡은 농기구들, 그리고 핏기라곤 한방울도 느껴지지 않는 부스스한 사람들…… 마을 풍경은 스산하다 못해 을씨년스럽기까지 하다.

그러나 이 마을에 두어 차례 이상 발길을 들여논 사람이라면 이 마을이 예로부터 이렇게 척박한 풍경을 지닌 마을이 아니라는 것을 금세 깨닫게 된다. 큰 강은 아니나 마을 앞으로 제법 지줄대는 시내가 흐르고 마을 뒤로는 병풍처럼 아늑한 산을 둘렀으니 실상은 평이하게 보이는 산의 계곡이 제법 깊어 그 계곡 언저리에 충분히 마을을 부리고 싶은 생각이 드는 곳이다. 더구나 시내 앞으로 펼쳐진 들이 오붓하여 삼백예순날 밥불 끊길 시름은 놓아도

133

될 만하니 금상첨화란 이런 경우를 두고 일컫는 것인지도
모른다.

아름다움은 또 있다. 담양의 명산인 대나무가 바로 그
것이다. 대나무는 담양군 일대에 지천으로 흩어져 있으나
유독 수북면 일대의 대나무숲이 볼 만하다. 이곳의 자연
부락들은 아예 통째로 대나무숲 속에 파묻힌 경우도 적지
않으니 일년 사철을 댓잎에 듣는 바람소리와 비와 햇살과
별빛에 섞여 사는 맛이란 경험하지 않고서는 설명할 방법
이 없을 듯하다. 가뭄을 타지 않는 대숲 속의 샘물 또한
꿀맛이다. 자연 사람들이 오래 산다. 좋은 바람과 물을
마시고 마음의 기운이 온화하니 오래 살지 못할 까닭이
없는 것이다. (예로부터 수북의 대숲 마을들은 장수촌으
로 알려져 왔다.)

가을걷이가 끝나고 나면 대나무들은 또 다른 기쁨을 이
곳 사람들에게 선물해주었다. 농한기의 일이라곤 가마니
짜기 외엔 별다른 일이 있을 리 없는 나라 안 다른 농촌
들과는 달리 이곳 사람들은 지천으로 술렁이는 대나무를
이용하여 대광주리나 소쿠리를 엮어 시장에 내다 팔았으
니 그 수입이 농가의 그것으로 결코 적지 않았다. 예컨대
어떤 뜨내기 길손이 돈 한푼, 땅 한뼘 없이 이곳에 정착
하더라도 약간의 소작일과 대광주리 엮기만으로도 자식들
을 낳아 기르고 더러는 대학공부까지도 마칠 수 있게 했
으니 이곳의 대숲들은 (적어도 70년대 중반까지는) 이곳
사람들의 삶을 껴안아주는 둥지 이상의 역할을 했다.

궁산리 또한 이런 아름다운 마을들 중의 하나였다. 좋
은 물과 바람과 땅. 그리고 이것들을 감싸 안아주는 대나
무 숲이 이 산자락 마을의 삶을 충분히 긍정적인 것으로

만들어 주었던 것이다. 그러나 이 소박하고 긍정적인 삶의 모습들은 끝내 보존되지 못한다. 지속적인 경제개발정책과 농촌사회에 대한 이해와 철학이 전혀 없는 유학파 관료들에 의한 산업구조 개편작업은 거의 속도전의 양상으로 농촌사회의 붕괴를 이끌어 갔고 필경은 농업선진국들의 이해의 집적인 UR을 맞게 된다. 한국 농촌의 많은 궁산리들은 이제 그들의 설 땅을 잃게 된 것이다.

여기서 자연스레 고재종 시의 두 개의 축이 드러난다. 첫번째의 축은 고재종 시의 근원이자 출발점으로 부를 수 있는 것으로 고향 궁산리의 망가뜨려지지 않은 삶과 그 추억들의 풍경이다.

앞냇가 미루나무의
가지 팽팽히 후리는 바람이어라
그 높이 아득한 가지 사이에 얼기설기
둥지 한채 얽어 삼동을 들고나던 까치부부는
숫눈 쌓인 날이면 눈 왔다고
토방까지 내려와 까작대다 개밥 한알 물어가고
햇빛 환한 날이면 해 밝다고
흰 무늬 날개 활짝 펴서 비잉비잉
청대숲 위를 부시게 나닐더니
그 호젓한 가시버시 이 봄엔
이 가지에서 저 가지에로 톡톡 튀는
날씬한 새끼 두 마리까지 거느리매
가지는, 미루나무 가지는
그 새끼들이 찍은 발자욱마다 움을 틔워
이윽고 연둣빛 이파리로 무수히 펄럭이며

겨우내 길들인 바람과 사무치어라
　　　　——「청빈에 대하여」 전문(윗점: 필자)

　현재형으로 서술되고 있는 이 시는 마을 앞냇가 미루나
무 가지에 둥지를 튼 까치부부와 그들의 두 마리 새끼들
이 빚어내는 삶의 풍경들을 보여줌으로써 고향 궁산리에
오래 둥지를 틀고자 했던 그와 그의 동네 사람들의 묵은
꿈을 여실히 보여준다. 그 꿈은 '새끼 까치들이 찍은 발자
욱마다 움을 틔우는 연둣빛 이파리'로 고양되는데 그러나
이 시가 단순한 현재형이 아닌 과거의 추억에 대한 가슴
아픔을 담고 있음이 마지막 행에 드러난다(윗점 부분 참
조). 사무치다는 말을 군이 풀이하자면, '가슴이 저리도록
그립다'쯤이 될 터인데 이 그리움의 대상은 당연히 뭉개지
지 않은 옛 궁산리의 풍경들이다. 까치 일가족의 봄날 나
들이 풍경을 보면서 그는 이제는 거의 명맥이 끊겨가는
궁산리의 삶의 모습들을 '사무치게' 가슴 아파하는 것이
다.

　　　혼히 먹이 궁한 때면 고양이 노리는
　　　토방의 개밥그릇에까지 내려앉고
　　　삭풍 칠 때면 추위를 추위로 다스려
　　　퍼런 탱자울에 우수수 쏟아지기도 하는

　　　저것들, 겨울마다 날개 실한 새들처럼
　　　멀리 따뜻한 나라로 떠나가지도 못하고
　　　숫눈 무척 쌓인 아침엔 그 위에
　　　싸늘한 주검들을 퍽으나 떨구기도 하며

이 땅의 엄동삼동 깜박깜박 견뎌내는

저것들, 이윽고 햇볕 따스한 날이면
거 참 앙증맞게는 짚벼눌에 올망졸망,
동병상련의 뱁새떼마저 불러 앉아서는
새하얀 솜털을 자꼬만 헤집으며
톡톡톡톡 소리날 듯 튀어오르기도 하며

이만큼의, 이만큼의 삶이라도
서로 나누는 온기 있으니 족하다는 듯
세상 참 천연덕스럽게는 재재거리는

저것들, 마침내 새벽이면 봄이면
이 땅 여명의 삶들을 싱싱하게 깨우되
그러나 가랭이가 찢어지도록
결코 황새같은 철새나 좇지는 않는

—— 「참새」 전문

「참새」는 그가 그의 고향 사람들을 어떠한 눈으로 바라
보고 있는지가 잘 나타난 작품이다. 이 참새들은 먹이가
궁할 때면 고양이 노리는 개밥그릇까지 내려앉고, 겨울이
면 날개 실한 새들처럼 멀리 따뜻한 나라로 떠나지도 못
하며 숫눈 무척 쌓인 날 아침이면 눈 위에 싸늘한 주검을
무척 떨구기도 한다. 그러나 이 참새들은 햇볕 따스한 날
이면 이웃의 뱁새떼도 불러 앉히고, 새벽이면 여명의 삶
들을 늘 싱싱하게 깨워 일으키며 황새같은 뜨내기 철새는
아예 좇지 않는다. 굳이 사족을 달 필요가 없이 이 참새

들의 모습은 그의 고향 궁산리 사람들, 나아가 한국 농촌 사회에 싱싱한 삶의 뿌리를 내린 모든 농민들의 꿈과 이력의 상징이다.

그 꿈이 깨어져가는 모습을 지켜보는 것은 가슴 아픈 일이다. 단순히 '죄'나 '고통' 정도의 표현으로는 그 가슴 아픔을 감당하기 힘들다. 고재종 시의 두번째 축은 그 깨어져가는(혹은 확실히 깨진) 고향 사람들의 삶의 현실과 맞물려 있다.

> 닷새만에 헛간에서 발견된
> 월평할매의 썩은 주검에서
> 수백 수천의 파리떼가 우수수,
> 살촉처럼 날아오르는 처참에 울고
>
> 빈대 뛰는 온 방안 뒤지고 뒤져
> 찾아낸 전화번호 속의 일곱 자녀들
> 기름때 묻은 머리로 하나 둘 달려와
> 뒤늦게 뉘우치며 목놓는 아픔에 울고
>
> 급기야 상여를 멜 남정네들 모자라
> 경운기로 울퉁불퉁 북망길 떠난 할매
> 굴삭기로 파놓은 구렁에 묻히는
> 그 험한 종말에 또 울었지만
>
> ──「분통리의 여름」부분

추월산 아래 같은 담양의 한 마을인 분통리에서의 월평할매의 죽음은 오늘날 한국 농촌공동체의 파괴의 실상이 어느 정도인지를 극명하게 보여준다. 파리떼가 솟구쳐 오르는 썩은 주검, 기름때 묻은 머리를 쿨럭이며 오열하는 일곱의 자녀들, 상여 대신 떠나가는 경운기, 굴삭기가 파놓은 묘자리…… 이런 모든 풍경들이 단순히 농촌마을인 분통리에서의 한 분통 나는 풍경이 아니라 오늘 우리 사회가 안고 있는 총체적 문제의 실상임을 이 시는 깨닫게 해준다.

「월곡댁」「문득」「싸락눈」「저 홀로 가는 봄날 이야기」「풍경에 대하여」「오늘도 쌀밥을 먹는다」와 같은 시편들이 핍박한 농촌현실을 드러내는 작품들인데 이 작품들은 현재에 대한 강한 고발보다는 그 아픔의 깨우침에 더 중점을 둔다. 예컨대,

마을 주막에 나가서
단돈 오천원 내놓으니
소주 세 병에
두부찌개 한 냄비

쭈그렁 노인들 다섯이
그것 나눠 자시고
모두들 볼그족족한 얼굴로

허허허
허허허
큰 대접 받았네그려 !

───「파안」전문

와 같은 시가 그것이다. 쭈그렁 노인들 다섯이 오천원의 술상에 마냥 행복에 젖는 풍경을 뒤집어 보면 그 속에 오늘날 우리 농촌의 실상이 고스란히 드러나는 것이다. 아니, 현실은 오히려 「파안」이라는 제목이 도무지 어울리지 않게 더 척박한지도 모른다. 그와 함께 시에 나오는 주막에 들른 적이 있는 필자는 비록 쭈그렁망탱이가 되었을지언정 노인들 다섯씩이나가 한데 어울려 술 마시는 여유작작한 풍경을 본 일이 없다. 더구나 다 찌끄러져가는 그 술막에서 두부찌개를 데워냈을 것 같은 생각은 아예 들지도 않는다. 이미 초가 되었을 성싶은 비닐막걸리병 몇개, 먼지 수북이 쌓인 깡소주 몇병이 그 술막의 내부 풍경이었으며, 일정한 생산성을 지닌 술꾼이 거의 끊겼다는 점에서 나는 그 술막이 이미 그 자신의 소명을 다 마쳤다고 생각했었다.

　시에서는 다섯명씩이나 되는 노인들이 한데 어울려 있는 모습이 그의 가슴에 뜨겁게 다가왔고 필시 그 주막으로서는 최고의 규모인 오천원의 술상을 차리게 했을 것이다. 노인 다섯이 만나 이야기하는 모습만으로 행복을 느껴야만 하는 것이 궁산리의 오늘의 모습이라면 그 파안이 우리에게 남기는 여운은 깊은 쓸쓸함 혹은 깊은 답답함이다.

　「저 홀로 가는 봄날의 이야기」는 농촌총각의 문제를 다룬 시다. 인류의 대가 끊길 절박한 내용을 다루고 있으면서도 이 시의 외형적 빛깔은 결코 쓸쓸하지가 않다. 오히려 잘 핀 살구꽃빛이다. 정감 넘치는 질박한 사투리의 사용, 대광주리에 냉이, 달래, 쑥, 곰방부리 나물과 함께 쌓이는 질펀한 육담이 그 절박성을 채 느끼지 못하게 하는데 실컷 말싸움을 나눈 끝에 돌아서는 마흔두살 노총각 석현이의 뒷모습을 보며 "이따 저녁에 냉이국 끓여놓으께 오그라이. 우리집 마당에 홍도꽃도 벌겋게 펴부렀어야!" 하고 외치는 남원할매의 목소리가 따뜻하다. 이 따뜻함의 내면에 고재종의 가슴 아픔이 깊게 스며 있음은 물론이다.

고재종이 가슴 아픈 현실을 이야기하면서도 그 풍경에 대한 직접적인 공격이나 비난을 자제하는 데에는 두 가지쯤의 이유가 있을 듯하다. 하나는 아무리 억장 무너지는 풍경이라 할지라도 그 풍경이 그가 그토록 사랑해 마지않는 그의 고향 풍경이라는 점이다. 하물며 고향에는 아직도 '정수곤'이나 '정석씨'와 같은 농꾼의 씨가 남아 있는 것이다.

마을의 유일한 청춘 정수곤이는
아낙네 노인네만 남은 이 집 저 집서
부르면 부르는 대로 득달같이 달려가
콤바인으로 보리 베고
트랙터로 논 갈고
이앙기로 모 심을라
담배 한대참도 아깝기만 한데

──「정수곤」 부분

당최 물려받은 땅이라곤
집에 딸린 텃밭 한자락 없이
이 집 저 집 상머슴 살고
이 동네 저 동네 갖은 품 팔고

심지언 읍내 공사판까지 떠돌아
어찌어찌 앞들 수렁논
가슴께까지 푹푹 빠져
헐값에 내논 닷마지기 사서는
갱변의 자갈이란 자갈은
수십 수백 짐 손수 져다넣고
통관 묻어서 물길 돌리고
마침내 건답배미로 바꾼 뒤
차랑차랑한 첫 나락 거두어
가을에도 거둘 것 없던 설움
이제야 풀게 됐다고 울던 정석씨
올해도 그 배미에 객토를 넣는다

———「땅투성이」 부분

　이러한 인물들의 발견(혹은 남아 있음)은 완전히 빈사
상태에 있는 한국의 궁산리들이 언젠가 소생할 수 있으리
라는 그의 의도적인 문학적 장치로도 읽혀진다. 예컨대
‘정수곤씨’나 ‘정석씨’와 같은 성실하고 열정적인 인간상을
제시함으로써 아직도 한국의 농촌사회의 숨이 끊기지 않
음을 보여주고 그 끊기지 않음 위에 새로운 형태의 궁산
리가 살아남을 수 있는 가능성의 불씨를 제공하는 것이
다.
　고재종이 척박한 농촌현실에 대한 직접적인 비난을 자
제하는 또 하나의 이유는 아마도 그의 천부적인 시인 근
성 때문일 것이다. 알 만한 사람은 다 알 터이지만 그는
나라 안에서 가장 정제된 형태의 시를 쓰는 몇 안되는 시
인 중의 한사람이다. 그는 문학이 역사의 현실에 폭넓게

대응하면서도 그 스스로 보편적이며 항구적인 미의 구조를 갖추어야 한다고 생각하는 사람이다. 좋은 정신과 튼튼한 몸을 그는 그의 시에서 한꺼번에 꿈꾸는 것이다.

꼭두새벽, 넉점도 못됐는데
눈빛 비쳐든 창호문 새하얘서
맑게 깨어나는 정신, 서재에 들어
한기 뚝뚝 듣는 寒山詩 펼친다
봄에 논밭 갈아 가을에 씨 거두고
엄동삼동에 책 읽는 버릇
그 무슨 천금을 줘도 못 바꿀레라
내 비록 가문 들판, 몇줌 곡식 거둬
세안 양식에 못 미칠지라도
아내 몰래 쌀과 바꿔온 몇권의 시집들
벌써 책장이 너덜너덜 닳았음이여
그 서책 닳는 만큼 깨이는 넋인 양
헛간 장태에선 수탉울음 청청하고
창호에 비쳐든 눈빛은 하도 좋아
시 일편에 담고자 펜끝 세우니
늙은 아버진 벌써 고샅길 샘길 내느라
쓱쓱 눈 쓰는 소리 바쁘시다
옳거니, 세상의 진실과 아름다움은
숫눈 쌓인 날 제때 기침하여
사람 내왕할 길부터 내는 데 또 있는 것
책 덮고 급히 앞문을 차니
눈부셔라, 울 너머 큰 눈 얹힌 청대숲
그 휘적휘적 휘어진 대줄기에서

포르릉 눈 털며 일군의 새떼 치솟나니
마침내 나 사랑하리, 이 가난한 날들의
천지 사계 공으로 누리는 사치며
거기에 죄 한점 더하지 않는 꿈이랑.

　　　　　　　　　—「가난을 위하여」 전문

　이런 시를 읽다보면 절로 마음이 깨끗해진다. 아울러
그동안 우리가 얼마나 못된 시들을 많이 읽어왔는지 금세
느끼게도 된다. 각박한 현실을 살아내면서 그 현실을 물
어 뜯을 날카로운 이빨들에 너무 오래 우리가 골몰해 온
것은 아닌지 그 현실을 따뜻하게 감싸안을 홍도빛 봄바람
은 없는 것인지 다시 한번 생각케 하는 것이다.
　고재종은 기왕 세 권의 시집을 펴낸 바 있다. 이 세 권
의 시집들은 80년대 이후의 척박한 한국 농촌의 현실을
일관되게 다루며 문학적으로도 일정한 균제미를 갖추었다
는 점에서 많은 이들의 주목을 받아왔다. 특히 농촌에서
직접 농사를 지으며 시를 쓰는 작가가 거의 전무한 우리
문단의 실정에서 그가 궁산리에서 일궈낸 시편들이 80년
대 이후의 한국 농촌의 모습을 다시 한번 바라보게 했다
는 점은 그의 문학이 지닌 큰 미덕이다. 실제로 그의 시
편들은 이번의 시집까지를 포함하여 네 권을 한꺼번에 읽
었을 때 더 힘이 난다. 국가의 경영이 우리의 삶과 정서
의 근원인 농촌을 깡그리 무시하고 오로지 돈을 버는 데
급급했던 20세기 최후반의 한국 농촌의 자화상을 우리는
그의 시편들로 인하여 지닐 수 있게 된 것이다. 그 자화
상이 단순한 척박함에 머무르지 않고 어떤 '훈김'에 깊게
쌓여 있음을 바라보는 것 또한 썩 즐겁다.

그의 시가 밟고 간 자리마다 연둣빛 새싹이 돋아서 새
로운 희망과 기대에 찬 궁산리들이 도처에 일어서는 사무
친 그리움의 날들이 빨리 왔으면 싶다. 그의 고향과 그의
시에 늘 꽃 피어 있을진저.

후 기

마을의 느티나무는 오늘도 무슨 수도승처럼 거기 그렇게 우뚝하니 서서 하늘과 땅 사이의 신산한 세월을 묵묵히 버팅기고 있다.

외로운 날, 온몸 상처투성이인 그 느티나무에 등을 기대고 서면, 바람 칠 때마다 제 상처에서 푸르른 울음소리를 뽑아내는 나무의 숨결이 조용히 느껴진다.

봄햇살 환한 날이면 그 수많은 연초록 이파리들을 무슨 보석조각처럼 짤랑거리던, 여름 한나절이면 그 넉넉한 그늘 아래로 일과 더위에 지친 사람들을 자꾸만 불러들이던, 또 된내기 내리는 어느 가을 아침이면 그 우듬지 부근에 까치둥지 한채만 달랑 남기고 모든 욕망을 털어버리던 나무, 마침내 삭풍설한 되게 치는 날에도 거기 그렇게 정정하게 서서 한층 더 땅속 깊이 뿌리를 내리는 나무의 버팅김은 너무도 의연하다.

그 버팅김의 근력이 실은 제 상처 속에서 뽑아내는 푸르른 울음이 아닐까 하는 생각을 한 적이 있다.

그 푸르른 울음이 무엇일까. 혹자는 잔치의 뒤끝을 이야기하고, 혹자는 독심경(讀心經)의 중언부언 속으로 빠져들고, 혹은 다양성이니 신비주의니 삶의 본원적 허무니 하는 세계로 얼쑤 달려가고, 보다 더는 대중성을 빌미삼아 자본과 상품의 논리 속으로 속절없이 투항하고 있는 시절이다.

하지만 역사는 그런 모든 조급성과 지리멸렬함과 거짓됨을 비웃으며, 되레 그 역사를 밑바닥으로부터 추동시키는 민초들의 좌절과 눈물과 그리움과 노여움을 아울러 우리를 한발 한발 삶의 나라로 진전시키는 그 어떤 면면한 흐름이 아닐까.

그러기에 느티나무는 오늘도 저무는 마을에 묵묵히 서 있을 수밖에 없는지도 모른다. 너나없이 모든 걸 청산해버리고 떠나는 마을에 그래도 지킬 것은 지켜나가야 한다는 생각을 가진 몇몇 남은 이들의 뜻으로 그처럼 꿋꿋하게.

나는 나의 시가 바로 그 느티나무의 푸르른 울음소리를 조용히 들려주기를 늘 바라지만 어디 그게 가당키나 하겠는가.

이런 가망없는 시를 두번씩이나 출판해주는 창작과비평사의 후의에 부끄러울 뿐이다. 또 몸도 마음도 일에도 온통 폐허지경인 나를 책망 한번 하지 않는 아내의 얼굴이 다시 떠오른다. 아내에게 언제쯤에나 사랑의 시 한편 바칠 수 있을까.

1995년 5월

고　　재　　종

창비시선 134

날랜 사랑

초판 1쇄 발행 / 1995년 5월 2일
초판 13쇄 발행 / 2023년 4월 3일

지은이 / 고재종
펴낸이 / 강일우
펴낸곳 / (주)창비
등록 / 1986년 8월 5일 제85호
주소 / 10881 경기도 파주시 회동길 184
전화 / 031-955-3333
팩시밀리 / 영업 031-955-3399 편집 031-955-3400
홈페이지 / www.changbi.com
전자우편 / lit@changbi.com

ⓒ 고재종 1995
ISBN 978-89-364-2134-2 03810